I0059299

MEMOIRE

POUR M. DE FLESSELLES, Conseiller Honoraire en la Cour, Maître des Requêtes ordinaire de l'Hôtel du Roi, & Commissaire départi en la Province de Bretagne; & Dame Geneviève-Rose-Ursule PAJOT son Epouse, Intimés.

CONTRE la Dame Veuve DE LA HOGUE, Appelante.

EN présence du Tuteur à la substitution créée par le testament de la Dame PAJOT DU BOUCHET.

Ce Mémoire a déjà été distribué en 1765, lors de la plaidoirie sur laquelle la Cause a été appointée; & comme la question qui est à juger s'y trouve discutée, M. & Madame de Flesselles, pour simplifier l'instruction, ont cru devoir se contenter de la remettre sous les yeux des Magistrats, en y joignant seulement quelques réflexions nouvelles, sous le titre d'Addition.

N immeuble délaissé en payement d'une créance mobiliaire, est-il *propre* ou *acquêt* dans la succession du Créancier au profit de qui le délaissement en a été fait?

La qualité d'*acquêt* est si évidente dans cette espèce, & l'idée de *propre* si insoutenable, qu'il est à peine croyable que la question puisse naître.

C'est cependant pour la seconde fois que la Dame de la Hogue l'éleve. Elle reclame contre Madame de Flesselles, Légataire universelle de la Dame Pajot du Bouchet, les quatre quints d'une moitié de maison abandonnée à cette Testatrice en payement d'une somme qui lui étoit due; & soutient que cette moitié de maison formoit entre ses mains un propre de succession & de disposition.

Cette prétention, portée d'abord aux Requêtes du Palais, a eu le sort qu'elle méritoit. La moitié de maison a été décidée disponible pour le tout, & comme telle, adjugée au legs universel; & ce Jugement est si régulier & si digne des Magistrats qui l'ont rendu, que M. & Madame de Flesselles n'hésitent point de le regarder comme un sûr garant du nouveau succès qui les attend.

A

La Teſtatrice *de cujus*, avant que d'épouſer le ſieur Pajot du Bouchet, avoit été mariée en premieres noces avec M. Pajot, Maître des Comptes

Par le contrat de ſon premier mariage, qui eſt du 29 Juillet 1718, ſes pere & mere lui conſtituent une dot de 120000 livres dont 40000 livres entrent en communauté, & le ſurplus eſt ſtipulé *propre à elle & à ceux de ſon côté & ligne, avec ce qui lui viendra & échera pendant ledit mariage, tant en meubles qu'immeubles, par ſucceſſion, donation, legs ou autrement.*

Par le même contrat, Demoiſelle Anne Louvet, ſa tante paternelle, lui fait donation d'une ſomme de 50000 livres à prendre après ſon décès & dans ſa ſucceſſion, avec réſerve d'uſufruit : & à cette donation eſt appoſée une nouvelle ſtipulation de propre à la future & aux ſiens de ſon côté & ligne.

Voici la clauſe.

En faveur duquel futur mariage & pour la bonne amitié que ladite Demoiſelle Anne Louvet porte à ladite Demoiſelle future épouſe ſa niéce, elle a, par ces préſentes, fait donation entre-vifs, en la meilleure forme que faire ſe peut & que donation peut avoir lieu, à ladite Demoiſelle....... future épouſe ce acceptant....... de la ſomme de 50000 livres à prendre ſur les biens qui appartiennent à ladite Demoiſelle Donatrice, & ſur ceux qui ſe trouveront lui appartenir au jour de ſon décès ; pour lad. ſomme, jouir, faire & diſpoſer par ladite Demoiſelle future épouſe, ſes hoirs & ayans cauſe, comme de choſe leur appartenant : Cette donation faite pour les cauſes ſuſdites ; plus, à condition que ladite ſomme ſera acquittée après le décès de ladite Demoiſelle Louvet Donatrice, en effets de ſa ſucceſſion, qui ſeront & demeureront propres à ladite Demoiſelle future épouſe & aux ſiens de ſon côté & ligne, &c..... Le ſurplus de la clauſe renferme la réſerve d'uſufruit au profit de la Donatrice.

A l'époque de cette donation, la Demoiſelle Louvet poſſédoit, entr'autres biens, moitié dans une maiſon ſiſe en cette Ville, rue des Tournelles ; & l'autre moitié appartenoit à ſa Donataire du chef de ſon pere, qui la lui avoit donnée en payement de partie de ſa dot.

Deux ans après, un Particulier ſe préſente pour acquérir la moitié de la Demoiſelle Louvet dans cette maiſon, & lui en offre même un prix très-avantageux.

Elle fait part de cette propoſition à ſa niéce, lui repréſente qu'un Acquéreur étranger pourroit par le moyen d'une licitation lui enlever ſa propre moitié, & lui offre la préférence.

La Dame du Bouchet & M. Pajot ſon premier mari, ſe déterminent en conſéquence à acquérir : & par acte devant Notaires du 10 Juin 1720, qui contient dans le plus grand détail l'expoſé que nous venons d'analyſer, la Demoiſelle Louvet leur *abandonne ſa moitié de ladite maiſon rue des Tournelles, pour de ladite moitié de maiſon abandonnée & délaiſſée, jouir, faire & diſpoſer par eux comme de choſe leur* appartenant, à cause d'elle : cet abandonnement & délaissement fait (continue l'acte) à la charge des cens & redevances dont est chargée ladite maison ; plus, à la charge par les Sieur & Dame Pajot, de payer tous droits, tels qu'ils puissent être, qui pourroient être dûs à cause du présent abandonnement & délaissement . . . . . Plus, à condition que la Demoiselle Louvet & sa succession après son décès, demeurera quitte & déchargée de la somme de 15000 liv. en déduction des 50000 liv. qu'elle a donnée à ladite Dame Pajot, ... au moyen de quoi ne restera plus à lui fournir que 35000 liv. en effets de sa succession ; . . . . . . Plus, à condition que ladite moitié de maison tiendra nature de propre à ladite Dame Pajot & aux siens de son côté & ligne ; & outre, est le présent abandonnement & délaissement fait moyennant 1200 livres de rente viagere, que M. & Madame Pajot s'obligent de payer à leur tante, pour lui tenir lieu de l'usufruit qu'elle s'étoit réservé en donnant.

La Dame du Bouchet est décédée le 8 Octobre 1763, après avoir par un testament & deux codiciles du même jour 10 Juillet 1761, fait différens legs particuliers, dont plusieurs en faveur de la famille de la Dame de la Hogue, & institué Madame de Flesselles sa Légataire universelle, avec charge de substitution.

Le 15 Mai 1764, la Dame de la Hogue, en qualité de seule héritiere, a consenti l'exécution des testament & codiciles, & la délivrance des legs ; mais elle a prétendu que la moitié de maison délaissée en 1720 & qui se trouve dans la succession, forme un propre, duquel Madame de Flesselles ne doit avoir que le quint.

Cette prétention a donné lieu à une plaidoirie de plusieurs Audiences en la seconde Chambre des Requêtes du Palais ; & par Sentence du 23 Mai 1765, il a été ordonné que la moitié de maison appartiendroit en entier à Madame de Flesselles, & seroit en conséquence comprise à son profit dans la liquidation du legs universel.

La Dame de la Hogue, encore prévenue de la premiere illusion qui l'a séduite, est Appelante de cette Sentence : & c'est sur son appel que les Magistrats ont à prononcer.

MOYENS.

A quel titre la Dame du Bouchet a-t-elle possédé la moitié de maison rue des Tournelles ? Toute la cause est dans ce mot : car, si elle a possédé à un titre qui ne puisse faire que des acquêts, la totalité tombe incontestablement dans le legs universel, parce que la Coutume permet de disposer par testament de l'universalité des acquêts, comme de l'universalité des meubles.

C'est par l'acte du 10 Juin 1720, que la Dame du Bouchet est devenue propriétaire. Voyons donc, d'après les conventions qui le composent, quelle est sa véritable nature ?

D'un côté, la Demoiselle Louvet y transmet à sa niéce la propriété d'un immeuble.

D'autre part, la niéce n'acquiert cet immeuble que moyennant un prix, & en donnant à sa tante une quittance de 15000 liv. sur une créance de 50000 livres qu'elle avoit sur ses biens , en vertu d'une donation antérieure de deux années.

En un mot , la tante n'abandonne son immeuble que pour se libérer & en se libérant en effet d'une somme de deniers.

Cette convention n'est donc autre chose qu'une *dation en payement* : elle n'est donc dans la vérité qu'une vente , parce que la *dation en payement* , réunissant les trois caracteres essentiels & distinctifs du contrat de vente , *rem , pretium & consensum* , est entièrement équipolente à ce contrat , & est soumise par les Loix & par la Jurisprudence des Arrêts aux mêmes effets & aux mêmes obligations : *datio in solutum , vicem venditionis obtinet.*

La vente ne fait , ni ne peut faire que des acquêts ; & il en est de même de la *dation en payement* , qui par elle-même n'est pas moins une vente , que la vente proprement dite.

C'est donc par voie de vente & comme Acquéreure à prix d'argent , que la Dame du Bouchet est devenue Propriétaire en 1720 : elle n'a donc possédé , ni pu posséder que comme *acquêt* , l'immeuble qu'elle a acquis alors : cet immeuble étoit donc disponible pour le tout , entre ses mains : il est donc compris dans le legs universel qu'elle a fait , & qui s'étend nécessairement à tout ce dont la Loi lui permettoit de disposer ; & par conséquent , MM. des Requêtes du Palais , en le déclarant dévolu à Madame de Flesselles , n'ont fait que rendre à la bonne cause la justice qui lui étoit dûe , & qu'elle étoit assurée d'obtenir de Magistrats si intégres & si éclairés.

Qu'oppose la Dame de la Hogue à une démonstration si parfaite & si accablante pour sa prétention ? Une défense qui ne porte que sur une pure supposition , sur un fait idéal & démenti par les actes , & qui par conséquent , bien loin d'avoir la moindre solidité , n'offre même rien de spécieux.

Ne pouvant en effet se dissimuler à quel point le principe & la regle lui sont contraires , elle cherche à se créer une exception , & voici de quelle maniere elle raisonne.

Un *propre* de famille , dit-elle , donné par un parent collatéral à son héritier présomptif par contrat de mariage , avec stipulation de *propre au Donataire & aux siens de son côté en ligne* , conserve la qualité de *propre* dans la main du Donataire. C'est un principe consacré par deux Arrêts de 1645 & 1663 ; le premier intervenu dans la famille des Spifames à l'occasion de la Terre de Bisseaux ; & le second pour l'Hôtel de Gonzague , donné par Mademoiselle d'Orléans à la Demoiselle de Matignon.

La donation faite par la Demoiselle Louvet à la Dame du Bouchet par le contrat de mariage de 1718 , est une donation d'immeubles ; l'acte du 10 Juin 1720 n'en est que l'exécution , & la moitié de maison transmise par cet acte à la Donataire , étoit un ancien *propre* entre les mains de la Donatrice.

Enfin , les deux actes renferment la stipulation de *propre* la plus expresse , & la Dame du Bouchet étoit d'ailleurs l'héritiere présomptive de sa tante.

Donc ,

Donc, conclut notre Adverfaire, la moitié de maifon eft paffée avec fa qualité primitive de *propre* à la Dame du Bouchet, qui a en conféquence toujours continué de la poffèder au même titre.

Nous pourrions commencer par contefter à la Dame de la Hogue fon principe; & il nous feroit facile de prouver qu'il n'eft que le renouvellement d'une erreur condamnée & abandonnée depuis plus d'un fiécle.

Mais, en fufpendant pour quelques inftans cette difcuffion, combien ne ferons-nous pas plus forts, fi nous lui démontrons que le principe même qu'elle fe fait & dans lequel elle met fon unique reffource, feroit abfolument étranger & fans application à l'efpece; & que bien loin de venir à fon fecours, il fe retorqueroit contr'elle.

Quatre conditions font néceffaires, fuivant la Dame de la Hogue, pour que la chofe donnée foit *propre au Donataire.* Il faut que la donation foit d'un *propre* du Donateur, qu'elle foit faite *fucceffuro*, qu'elle fe trouve dans le contrat de mariage du Donataire, qu'enfin elle contienne ftipulation de *propre.*

Si donc nous établiffons que la premiere de toutes ces conditions manque, & que ce qui a été donné, non-feulement n'étoit point un propre, mais ne pouvoit même recevoir l'impreffion de cette qualité, il eft évident qu'alors nous enlevons à notre Adverfaire fon prétendu principe; que dénué de fon unique foutien, fon fyftême de *propre* tombe de lui-même & difparoît fans retour.

Voyons donc ce que la Demoifelle Louvet donne à fa niéce dans le contrat de mariage de 1718: car ce n'eft que dans ce feul acte que réfide la donation, & on la chercheroit envain dans celui du 10 Juin 1720, qui ne renferme aucun caractere, aucune trace de libéralité, & où la Demoifelle Louvet ne fait que fe libérer en partie envers la Dame du Bouchet, de ce qu'elle lui avoit donné deux ans auparavant.

Que donne donc la Demoifelle Louvet en 1718?

Premierement, c'eft d'une fomme de 50000 liv. & par conféquent de fimples deniers, d'un objet purement mobilier, qu'elle gratifie fa niéce: *en faveur duquel futur mariage ladite Demoifelle Louvet fait donation entre-vifs . . . de la famme de 50000 liv.*

Secondement, fi elle eût entendu faire une donation d'immeubles, & qu'en conféquence par l'expreffion des 50000 liv. elle n'eût voulu qu'indiquer la valeur & la mefure des immeubles qu'elle avoit intention de donner, elle eût dû en ce cas limiter à fes feuls immeubles le droit & l'action de la Donataire.

Mais elle fait tout le contraire. Après avoir dit qu'elle donne la fomme de 50000 liv., elle ajoute tout de fuite que cette fomme fera prife *fur les biens qui lui appartiennent & fur ceux qui lui appartiendront au jour de fon décès.*

La Donataire a donc action fur tous les biens préfens & futurs de la Donatrice, & conféquemment fur les meubles comme fur les immeubles.

B

L'action fur les meubles ne peut jamais convenir à quiconque n'eft que limitativement Donataire d'immeubles, parce que des meubles ne peuvent fournir un immeuble : elle convient au contraire à celui qui eft Donataire de deniers, parce que la donation une fois parfaite il devient créancier de fon Donateur, & a droit fur tous fes biens indiftinctement pour fe faire fournir la fomme qui lui a été donnée.

Ainfi, l'action accordée à la Dame du Bouchet fur tous les biens de fa tante, eft une nouvelle preuve que la difpofition ne renferme que des deniers.

Troifiémement, comment la fomme de 50000 liv. doit-elle être fournie ? *En effets de la fucceffion* de la Donatrice. L'héritier de la De-moifelle Louvet eût donc pû fe libérer avec des deniers ou avec des meubles, parce que les deniers & le mobilier d'un défunt ne font pas moins des effets de fa fucceffion, que les terres, les maifons, les rentes & les autres immeubles, foit réels, foit fictifs, qu'il peut avoir laiffés. On ne peut donc pas dire que la Dame du Bouchet fût Donataire d'immeubles.

Quatriémement, s'agit-il d'expliquer dans la donation même ce que la Donataire acquiert ? La Donatrice déclare encore que ce font des deniers, que c'eft une fomme de 50000 livres qu'elle tranfmet à fa niéce : *pour de ladite fomme, jouir, faire & difpofer par ladite Demoifelle future époufe, &c.*

Cinquiémement, la Demoifelle Louvet trouve dans le délaiffe-ment de 1720 l'occafion de parler de fa donation ; & elle y dit que c'eft une fomme de 50000 liv. qu'elle a donnée à fa niéce, & qu'au moyen de l'abandon de fa moitié dans la maifon rue des Tournelles, *il ne refte plus à fournir que 35000 liv. pour le payement & fourniffe-ment defdites 50000 liv.*

Enfin, fi la donation de 1718 eût été une donation d'immeubles, & fi la moitié de maifon rue des Tournelles y eût été comprife, la Demoifelle Louvet défaifie de cette moitié de maifon dès l'inftant de fa difpofition, n'eût certainement pû l'aliéner enfuite. Cependant elle déclare dans l'acte du 10 Juin 1720, qu'un Etranger fe préfente pour l'acquérir & qu'elle ne refufe de la lui vendre que par égard pour fa niéce & autant que celle-ci voudra elle-même la prendre ; & la Dame du Bouchet eft fi intimement perfuadée de la faculté que fa tante a de vendre, qu'elle ne connoît d'autre moyen d'empêcher qu'elle n'en ufe, que de profiter de la préférence qui lui eft offerte, & d'acquérir elle-même.

Il eft donc plus clair que le jour que par la donation de 1718 la Dame du Bouchet n'eft devenue que créanciere d'une fomme de 50000 liv. à prendre fur tous les biens de fa tante ; qu'elle n'a acquis par cette donation, qu'une action pour obtenir des deniers, une action par conféquent purement mobiliaire * ; & qu'ainfi, en rece- vant deux ans après la moitié de maifon pour une valeur de 15000 liv. à déduire fur la fomme qui lui avoit été donnée, elle n'a fait autre chofe qu'acquérir un immeuble moyennant des deniers, & à un titre qui ne peut faire que des acquêts.

* *Actio ad mo-bile confequendum mobilis eft.*

D'un autre côté, la donation n'étant que d'une somme d'argent ; il est certain que la clause de *propre* que la Donatrice y a apposée & qu'elle a ensuite répétée dans le délaissement de 1720, n'a point détruit la nature de la chose donnée, ni empêché qu'étant essentiellement mobiliaire & disponible, elle n'ait conservé cette double qualité entre les mains de la Donataire.

Il faut en effet écarter d'abord la clause de *propre*, insérée dans l'acte du 10 Juin 1720, parce que, comme nous l'avons déja dit, cet acte ne renferme point une libéralité, mais seulement un contrat onéreux, un délaissement par la tante au profit de la niéce en payement de partie de la donation qui avoit précédé. Or, outre qu'un contrat de cette nature n'est point susceptible d'une condition de *propre*, il n'étoit plus d'ailleurs au pouvoir de la Donatrice, la donation étant consommée depuis deux ans, d'y imposer une nouvelle charge : c'est une conséquence nécessaire de l'irrévocabilité des donations entre - vifs ; cette conséquence se trouve même érigée en principe par l'article 13 du titre premier de l'Ordonnance des Substitutions de 1747, conçu en ces termes : *les biens qui auront été donnés par un contrat de mariage ou par une donation entre-vifs, sans aucune charge de substitution, ne pourront en être grevés par une donation ou disposition postérieure* ; & ce que l'Ordonnance dit ici de la substitution, s'applique évidemment à toute espece de charges & de conditions, telles qu'elles puissent être.

La clause de *propre* insérée dans l'acte de délaissement, doit donc être écartée, comme absolument impuissante ; & elle n'est dans la vérité qu'une répétition inutile & superflue de celle qui se trouvoit déja dans la donation, & dont l'impression devoit nécessairement se porter sur tous les effets qui pourroient dans la suite représenter la chose originairement donnée, sans qu'il fût nécessaire de la rappeler dans les actes de délivrance de ces effets.

A l'égard de cette premiere clause, de celle qui se trouve dans la donation, uniquement destinée à exclure le mari de la Donataire & à empêcher qu'il ne pût profiter de la somme donnée, soit par la voie de la communauté, soit comme héritier de ses enfans, elle ne peut influer en aucune maniere, ni sur la disposition, ni sur la succession, dès qu'il ne s'agit ni du mari, ni de ses représentans.

Telle est en effet la nature de ces conventions, par lesquelles des deniers donnés à une future sont stipulés *propres à elle & aux siens de son côté & ligne*. Les deniers ne perdent point leur qualité primitive & essentielle de deniers ; la future & ses enfans conservent la faculté d'en disposer aussi pleinement que s'il n'y avoit point de stipulation : ils se prennent & se partagent dans leurs successions, comme un pur mobilier : en un mot, tout l'effet de la clause est de saisir tellement la femme & sa famille de la propriété de la somme donnée, que ni le mari, ni ceux qui viendroient de son chef n'y puissent prendre aucune part, soit par la communauté, soit par la succession aux enfans du mariage : cette fiction est même si étroitement limitée aux cas pour lesquels elle est établie, que si la convention ne l'a pas expressément étendue au cas de la difpofition, elle n'empêche pas que la femme ne puiffe difpofer en faveur du mari dans les Coutumes où les conjoints peuvent s'avantager : Et tous ces principes font fi conftans, que la Dame de la Hogue elle-même n'a pû s'empêcher de leur rendre hommage, & d'en reconnoître la vérité dans fes plaidoiries aux Requêtes du Palais *.

Revenons maintenant au prétendu principe fur lequel elle fe fonde.

Il fuppofe néceffairement, felon elle-même, la donation d'un *propre*.

Ici, non-feulement ce n'eft point un propre qui eft donné; mais ce n'eft pas même un immeuble, & la donation eft purement mobiliaire.

Elle avoue qu'elle ne pourroit réuffir qu'à l'aide de fon principe : Il fe refufe à elle par la nature même de la donation; il condamne donc fa prétention, bien loin de la favorifer : il devient donc, tout chimérique qu'il eft, le plus fort moyen que nous puiffions lui oppofer.

Mais eft-il donc vrai qu'un *propre* donné en collatérale avec la claufe de *propre*, conferve la qualité de *propre* de famille dans la main du Donataire ?

Les deux Arrêts de Spifames & de Matignon paroiffent à la vérité l'avoir jugé; l'un, dans l'efpece d'une donation ordinaire; l'autre, dans celle d'une donation par contrat de mariage : d'où il réfulte que dans ces tems reculés on portoit les chofes encore plus loin que ne le prétend la Dame de la Hogue elle-même, puifqu'on jugeoit pour la confervation du *propre* en toute efpece de donation indiftinctement, au lieu qu'elle borne fon prétendu principe à la feule donation par contrat de mariage.

Mais, qui ignore combien d'erreurs avoient obfcurci la matiere des ftipulations de *propre*, & combien il a fallu de tems aux Magiftrats pour les diffiper & pour donner des regles fixes à cette partie de notre Droit, d'autant plus expofée aux méprifes, que n'ayant point une origine légale, & qu'uniquement dûe à l'invention des anciens Praticiens, nos Loix ne s'en font jamais occupées, & n'ont jamais pris foin d'en déterminer les effets ?

On jugeoit autrefois fans doute qu'un propre donné en collatérale à condition d'être propre au Donataire, confervoit fa premiere qualité, & on le jugeoit pour toutes fortes de donations.

Mais, ne jugeoit-on pas auffi qu'une ftipulation de propre appofée à de fimples deniers, produifoit une telle affectation de ligne, que l'héritier des *propres* y devoit fuccéder, à l'exclufion de l'héritier des meubles & acquêts.

Enfin, après avoir trop long-tems vêcu dans cette nuée d'erreurs, on a examiné, on eft remonté aux principes; on a reconnu que les fucceffions *légitimes* font de Droit public, & qu'il n'appartient qu'à la Loi de les déférer; que les qualités de nos biens étant invariablement déterminées par leur nature & par la Loi, elles font inaltérables & indépendantes

*Voy. Argou, liv. 3, ch. 8. Renuffon, des Propres, chap. 6, fect. 2, n. 6, Et Arrêts de Defmoulins en 1733.

indépendantes de toute volonté du Propriétaire ; que tout ce qui est mobilier étant essentiellement disponible & devant aller dans la succession *ab intestat*, à l'héritier plus prochain, il n'est point au pouvoir de l'homme de déranger ni cette disponibilité, ni cette destination, si ce n'est en disposant par les voies que les Loix ont autorisées ; que tout immeuble donné en collatérale, étant acquêt dans la personne du Donataire, nulle convention de l'homme ne peut altérer cette qualité imprimée par la Loi ; qu'il n'est que deux voies de disposer de ses biens à titre gratuit, la donation entre-vifs & le testament ; que les stipulations de *propre* ne sont point des voies de disposer, mais seulement des précautions par lesquelles deux familles qui s'allient ensemble, s'assurent la conservation de leurs biens respectifs ; qu'en un mot, l'unique objet de ces conventions, comme le disoit en 1733 Me. Cochin pour la Dame Desmoulins, est d'exclure l'autre conjoint & de l'empêcher de jamais prendre part aux deniers stipulés *propres*, mais que cette fiction ne peut jamais influer sur les successions, ni en déranger l'ordre ; & toutes ces vérités une fois développées & connues, la Jurisprudence a aussi-tôt changé ; on a jugé, par une multitude d'Arrêts, que les clauses de *propre* ne pouvoient opérer que contre l'autre conjoint & ceux qui viendroient de son chef ; mais que l'exclusion qu'on se propose uniquement dans ces sortes de clauses ayant son effet, la chose conserve à tout autre égard sa véritable nature & sa première destination ; ensorte que s'il s'agit d'un effet mobilier ou d'un acquêt, ils continuent d'être disponibles & d'aller dans la succession *légitime* à celui à qui la Loi défere ces deux espèces de biens. On a même été plus loin, & on l'a jugé de la même maniere dans un cas où la condition de *propre* avoit été expressément étendue à la succession, & où ne se trouvant point d'ailleurs dans un contrat de mariage, on ne pouvoit pas dire qu'elle fût destinée à produire une exclusion contre l'autre conjoint.

Voici l'espece :

Le sieur Genest avoit, par un testament du 4 Octobre 1718, fait différens legs à ses héritiers présomptifs, entr'autres à Me. Genest son frere, Substitut de M. le Procureur Général ; & il avoit ajouté cette clause : *Tous les biens que je legue & laisse à mon frere le Substitut, à mes sœurs, à leurs neveux & nièces, leur demeureront propres de leur côté, pour retourner à mes héritiers naturels.*

Me. Genest Substitut, ayant fait dans la suite des Légataires universels, les héritiers, se fondant sur la clause qu'on vient de lire, disputerent à ces Légataires deux parties de rentes, qui procédoient de l'auteur du testament de 1718.

La question fut traitée au Châtelet & en la Cour ; les héritiers opposerent ce qu'oppose aujourd'hui la Dame de la Hogue ; ils firent valoir surtout les Arrêts de Spifames & de Matignon : les Légataires se renfermerent dans les principes que nous venons d'exposer ; & par Sentence du 27 Août 1721, confirmée ensuite par Arrêt du 9 Juin 1722, les deux parties de rentes furent adjugées au legs universel. *

Le prétendu principe que propose la Dame de la Hogue n'est donc

* Cette espece est rapportée dans le plus grand détail, par Brillon, en son Dictionn. des Arrêts, au mot *Propre*.

C

qu'une vieille erreur contraire aux maximes les plus constantes & les plus connues, réprouvée par une Jurisprudence uniforme de plus de cinquante années, & formellement condamnée par l'Arrêt intervenu en 1722 dans la famille des Genest.

Ainsi, le principe allégué par la Dame de la Hogue seroit vrai, que ne s'agissant que d'une donation de deniers, elle n'en pourroit tirer aucun avantage.

Combien donc sa Cause doit-elle paroître encore plus insoutenable, ce prétendu principe n'étant que le renouvellement d'une erreur proscrite & abandonnée depuis près d'un siécle ?

Mais, dit-elle encore, (car ce sont deux objections particulieres qu'elle a proposées aux Requêtes du Palais) tout Donateur est en droit d'imposer à sa libéralité les conditions qu'il juge à propos : d'où elle conclut que la Demoiselle Louvet, en donnant à sa niéce, a pû stipuler que ce qu'elle lui donnoit seroit *propre* de succession & de disposition dans les mains de cette Donataire : d'ailleurs, ajoute-t-elle, si la condition de *propre* inférée dans la donation de 1718 n'a point eu pour but de conserver à la chose donnée la qualité de *propre*, cette condition se trouve absolument sans objet. Or, peut-on présumer que la Demoiselle Louvet qui y étoit si attachée, que non contente de l'avoir exprimée dans la donation, elle l'a encore rappellée dans le délaissement de 1720, n'ait voulu faire par-là qu'une stipulation inutile & sans effet ?

La premiere objection péche à la fois, & par le droit & par le fait.

Un Donateur ne peut imposer à sa libéralité une condition contraire aux Loix. Or, quoi de plus contraire aux Loix, qu'une condition qu'elles n'autorisent point, & qui cependant dérangeroit l'ordre de succéder qu'elles ont établi ? N'est-ce pas même sur ce principe qu'est fondé l'Arrêt de 1722 ?

Dans le fait, la Demoiselle Louvet n'a nullement entendu faire un *propre* de succession & de disposition, puisque d'un côté, l'objet dont elle disposoit n'étoit point susceptible de cette qualité ; & que de l'autre, la voie qu'elle a prise ne peut jamais faire des propres.

Enfin, la stipulation de *propre* faite par les pere & mere de la Dame du Bouchet dans son contrat de mariage, ne s'appliquant, comme on l'a vû, qu'à ce qu'ils lui avoient donné & à ce qui lui *échoiroit pendant le mariage, par succession, donation, legs ou autrement*, & la donation de la Demoiselle Louvet étant antérieure à la célébration du mariage, il est évident que la somme de 50000 livres comprise dans cette donation, seroit tombée de droit dans la communauté, & qu'il n'y avoit qu'une stipulation de *propre* qui pût l'empêcher : & par conséquent il n'est point vrai de dire que la condition de *propre à la future & aux siens de son côté & ligne*, ajoutée à cette donation, n'ait point eu d'objet, puisque c'est cette condition qui a borné à la Dame du Bouchet l'effet de la libéralité, & qui a exclu son premier mari d'y participer.

Les deux objections particulieres de la Dame de la Hogue n'ont

donc ni plus de folidité ni plus d'application à l'efpece, que fon prétendu principe fur la confervation du *propre* en donation en ligne
collatérale : l'immeuble délaiffé en 1720 à la Dame du Bouchet en
payement de partie de la donation de 1718, n'a donc réellement
formé qu'un acquêt difponible dans les mains de cette Teftatrice ; &
il en eft néceffairement de même de tous les autres immeubles, foit
réels, foit fictifs, qu'elle peut avoir reçus en exécution & pour la
remplir de la même donation.

M^e. C O L L E T, Avocat.

E Y N A R D , Proc.

ADDITION
AU MEMOIRE PRECEDENT.

POUR Monsieur & Madame DE FLESSELLES.

CONTRE la Dame DE LA HOGUE.

L E syftême de la Dame de la Hogue n'a pour baze que deux erreurs, dont l'une confifte à préfenter la donation de 1718 comme immobiliaire & comme renfermant la moitié de maifon qui donne lieu au Procès, & l'autre eft de prétendre que fi cette moitié de maifon fe trouvoit effectivement dans la donation, la claufe de *propre* écrite dans le même acte, auroit confervé à cet immeuble fa qualité primitive de *propre*, & qu'en conféquence & à l'imitation des *propres réels*, il n'auroit été difponible de la part de la Donataire que jufqu'à concurrence du *quint* feulement.

Attaquons donc ces deux erreurs, ou plutôt confondons-les fans retour par la démonftration des deux propofitions contraires.

PREMIERE PROPOSITION.

La donation de 1718 eft purement mobiliaire.

Il n'eft qu'une regle pour juger fi une donation eft mobiliaire ou immobiliaire : c'eft d'examiner & de connoître la qualité de la chofe qui en fait la matiere : fi l'objet donné eft mobilier de fa nature, la donation eft mobiliaire ; elle eft au contraire immobiliaire, fi c'eft un immeuble qui eft donné.

Or, que donne la Demoifelle Louvet à fa niéce par le contrat de mariage de 1718 ? Une fomme de 50000 liv. : Une action pour obtenir 50000 livres : *en faveur duquel futur mariage* (porte l'acte) *ladite Demoifelle Louvet* .... *fait donation entre-vifs* .... *à la Demoifelle future époufe, ce acceptant* ...... *de la fomme de 50000 liv. à prendre, &c.*

La Demoifelle Louvet ne donne donc & la Donataire ne reçoit que des deniers, ou une action pour obtenir des deniers ; & par conféquent une action purement mobiliaire, fuivant la maxime *Actio ad mobile confequendum, mobilis eft.* Or, s'il n'y a dans la donation que des deniers, ou une action pour les obtenir, certainement cette donation n'eft que mobiliaire, & il eft impoffible de lui fuppofer un caractere différent.

Mais confirmons encore la vérité de cette propofition par d'autres claufes que la même donation renferme & qui ne peuvent fe concilier avec l'idée d'une donation d'immeubles. Un

Un don de cette derniere espece ; est nécessairement & de sa nature restraint & limité ou aux seuls immeubles qui y sont nommé-ment compris , si la donation a un effet actuel , ou à ceux que le Donateur posséde ou pourra acquérir dans la suite ; s'il est question, comme ici , d'une libéralité dont l'exécution soit renvoyée à son décès. Ainsi , pour que la donation de 1718 pût être considérée comme immobiliaire , il faudroit que la Demoiselle Louvet n'eût donné à sa niéce qu'une valeur de 50000 livres à prendre dans ses immeubles , & qui n'eût dû lui être fournie qu'en cette nature de biens.

Mais , est-ce là ce qu'elle a fait ? Non : après avoir donné une somme & non pas une valeur de 50000 liv. elle ajoute que cette somme sera à prendre *sur les biens qui lui appartiennent & sur ceux qui se trouveront lui appartenir au jour de son décès , & qu'alors ladite somme sera acquittée en effets de sa succeffion.*

Ainsi d'un côté la Donataire a action sur tous les biens présens & futurs de la Donatrice , & conséquemment sur ses meubles comme sur ses immeubles ; action qui ne peut jamais convenir à quiconque n'est que limitativement Donataire d'immeubles , attendu que des meubles ne peuvent par eux-mêmes remplir une donation de ce genre ; mais qui convient à tout Donataire de deniers , qui deve-nant par la donation créancier de son Donateur , a droit sur tous ses biens sans distinction , pour se faire fournir la somme promise.

D'autre part , les 50000 livres devant être fournis en effets de la succeffion de la Donatrice , il eût donc été au pouvoir de son héritier de payer en deniers ou en meubles quelconques sans que la Donataire eût été en droit de s'en plaindre , parce que des deniers & des meubles ne sont pas moins des effets d'une succeffion dont ils font partie , que les immeubles qui peuvent s'y trouver en même-tems. Or , quoi de plus opposé à l'idée d'un don d'immeubles , & quoi de plus analogue au contraire à celle d'un don purement mo-bilier , que cette obligation imposée au Donataire de prendre en payement de ce qui lui a été promis , telle nature d'effets qu'il plaira au représentant du Donateur de lui fournir ?

Il n'est donc point de clause dans la donation de 1718 qui ne caractérise évidemment un simple don de deniers , le don d'une action pour obtenir des deniers , *ad mobile consequendum ,* une libé-ralité en un mot purement mobiliaire.

Mais écoutons la Donatrice elle-même : on ne prétendra pas apparemment , qu'elle n'ait point connu la vraie qualité de sa donation.

Or , la Demoiselle Louvet étoit si persuadée qu'elle n'avoit donné que des deniers & qu'elle conservoit la pleine propriété de la moitié de maison dont il s'agit , qu'elle reconnoit dans la dona-tion même que ce n'est qu'une somme de 50000 liv. qu'elle assure à sa niéce , *pour de ladite somme jouir , faire & disposer par ladite Demoiselle future Epouse ,* &c. Que dans l'acte de délaissement de

1720 elle répete encore que c'est d'une somme de 50000 livres qu'elle a gratifié la Dame du Bouchet ; & qu'elle déclare enfin dans le même acte, qu'elle eût vendu la moitié de maison à une personne qui demandoit à l'acquérir, si en ayant offert la préférence à sa niéce, celle-ci ne l'eût acceptée.

Disons-le donc avec toute la confiance que l'évidence d'une proposition peut inspirer : soit qu'on consulte la donation & les diverses clauses dont elle est composée, soit qu'on interroge la Donatrice & l'opinion qu'elle a eue de sa libéralité ; soit qu'on s'en rapporte à la Donataire elle-même, qui bien loin de contester en 1720 à la Donatrice le droit d'aliéner sa moitié de maison, s'est crue obligée de l'acquérir elle-même pour en empêcher la vente à un étranger, tout concourt à prouver que la Dame du Bouchet n'a reçu qu'une action *ad mobile consequendum*, & qu'ainsi la donation n'étant composée que d'une chose mobiliaire, elle n'est elle-même, ni ne peut être d'une nature différente.

En un mot, on ne concevra jamais un Donataire d'immeubles, qui non-seulement n'ait point le droit de demander qu'on lui fournisse des biens de cette qualité, mais que son titre oblige même de se contenter de deniers ou de tout autre effet mobilier, si le Donateur ou son héritier le veulent ainsi. Telle étoit cependant la position de la Dame du Bouchet d'après la donation de 1718 ; sans droit pour exiger des immeubles, elle pouvoit être contrainte de recevoir son payement en deniers, ou en mobilier quelconque ; & par conséquent, vouloir la faire envisager comme Donataire d'immeubles, est proposer le paradoxe le plus insoutenable.

Vainement nous oppose-t-on que la Donatrice ne possédoit aucun mobilier, soit à l'époque de la donation, soit au moment de son décès.

1°. Nulle preuve, à l'appui de cette allégation.

2°. Le fait est moralement impossible.

Enfin, un Donateur qui n'auroit que des immeubles, ne fera cependant qu'une donation purement mobiliaire, si, à l'exemple de la Demoiselle Louvet, il ne donne qu'une somme à prendre & une créance à exercer sur ses immeubles.

Aussi inutilement prétendroit-on que la donation n'avoit aucune qualité déterminée au moment où elle a été faite, & qu'elle pouvoit devenir mobiliaire, ou immobiliaire, suivant qu'elle seroit acquittée dans la suite ou en immeubles, ou en effets mobiliers.

Ce raisonnement, qui lors de la plaidoirie a paru faire quelqu'impression à M. l'Avocat Général, n'est dans le fond qu'une pétition de principe.

Premiérement, dès qu'une fois une donation a reçu sa perfection, elle a nécessairement par elle-même, par cela seul qu'elle existe, & suivant la nature des choses qui en sont la matiere, sa qualité propre & distinctive.

Secondement, pour qu'une donation soit parfaite, il ne faut que le concours de l'engagement du Donateur & de l'acceptation du Donataire : le retard de la tradition ne tombe que sur l'exécution & n'influe en aucune manière sur la disposition ; & ce retard devient même entiérement indifférent, lorsque, comme dans l'espece, la tradition est suppléée par une réserve d'usufruit : *in donatione sunt duo, dispositio & executio ; dispositio verò statim ligat, nec suspenditur*, dit Dumoulin, sur l'art. 291 de la Coutume de Bourbonnois.

On ne peut nier que la donation dont est question, ne forme par elle-même une donation parfaite, indépendemment du retard de la tradition, suppléée d'ailleurs, comme nous l'avons déja dit, par la réserve que la Donatrice se fait de l'usufruit.

D'un autre côté, cette donation n'ayant pu exister sans avoir en même-tems une qualité & ne pouvant emprunter sa qualité que de la nature de la chose donnée, il est évident que ne comprenant que des deniers ou une action pour en obtenir, elle n'a été dans son principe qu'une donation mobiliaire ; & la preuve que telle étoit sa qualité, est que si la Donataire fût décédée sans avoir été remplie, l'action que la donation lui avoit acquise, eût incontestablement été recueillie dans sa succession par son héritier mobilier.

Or, s'il est constant que par la donation de 1718 la Dame du Bouchet n'est devenue Propriétaire que d'une action pour obtenir des deniers, il s'ensuit que lorsqu'en 1720 elle a reçu de sa tante la moitié de maison rue des Tournelles moyennant 15000 livres à déduire sur la somme de 50000 livres originairement promise, elle n'a fait autre chose qu'acquérir un immeuble moyennant des deniers ; que ce délaissement n'est véritablement qu'un contrat de *datio in solutum*, que les Loix assimilent en tout point à la vente ; que la vente à prix d'argent ne formant que des acquêts entre les mains de l'Acquéreur, la moitié de maison n'a été, ni pu être possédée par la Dame du Bouchet qu'à titre d'acquêt ; & que les biens de cette qualité étant pleinement disponibles, cette moitié de maison tombe par conséquent pour le tout dans le legs universel fait en faveur de Madame de Flesselles.

Envain opposeroit-on les clauses de *propre* insérées tant dans l'acte de délaissement que dans la donation.

Celle qui se trouve dans l'acte de délaissement ne peut être d'aucune considération, soit parce que cet acte ne renferme qu'une vente & qu'il n'est point au pouvoir d'un Vendeur d'imposer une pareille condition à l'héritage qu'il n'aliéne qu'en en recevant la valeur en deniers ; soit parce que la donation ayant dès 1718 reçu sa perfection, la Donatrice n'avoit plus le droit de la gréver d'une charge nouvelle.

Ex concessis une stipulation de *propre* qui ne tombe que sur des deniers, n'a ni ne peut avoir l'effet de rendre ces deniers *propres*, soit quant à la disposition, soit quant à la succession : & par conséquent, la donation de 1718 ne comprenant que des deniers, la clause de *propre* qui l'accompagne, est sans application à l'esl'efpece, où il n'eft queftion que de fçavoir fi un immeuble acquis par la Dame du Bouchet, moyennant une partie des deniers qui lui avoient été promis, & qui ne fait que repréfenter ces deniers juf-qu'à concurrence de fa valeur, rentre ou non dans le legs univerfel écrit dans fon teftament, & qui par fa nature s'étend à tous fes biens difponibles.

Dira-t on encore, que la claufe de *propre* fe trouve fans objet dans la donation de 1718, fi on ne lui attribue l'effet d'avoir rendu la chofe donnée, *propre* de difpofition & de fucceffion?

Mais, 1°. la donation ne confiftant qu'en deniers, & des deniers ne pouvant jamais, de l'aveu même de notre Adverfaire, être *propres* ni de difpofition, ni de fucceffion, la ftipulation de *propre* qu'il a plû à la Demoifelle Louvet d'ajouter à fa libéralité, n'a donc pû avoir ni produire l'effet qu'on s'obftine à lui fuppofer.

* Page 10 in fine. 2°. Nous avons prouvé dans notre premier Mémoire *, qu'indé-pendamment de cet effet, abfolument inconciliable avec la nature & la qualité de la donation, cette claufe de propre a eu l'objet le plus réel; qu'elle a été deftinée à empêcher que le mari de la Dona-taire ne profitât de la chofe donnée, foit par la voie de la commu-nauté, foit en fuccédant aux enfans qui pourroient naître du ma-riage; qu'elle a tellement eû cette deftination, qu'autrement & fans le fecours d'une femblable ftipulation, les 50000 l. auroient appar-tenu à la communauté; & qu'ainfi il n'eft nullement néceffaire, pour lui trouver un motif & un but, d'aller jufqu'à foutenir contre l'évidence, qu'elle a dû produire une affectation de ligne & une inter-diction de difpofer plus avant, que s'il s'agiffoit d'un *propre réel* & effectif.

Enfin, pour ne pas même laiffer à l'objection l'apparence d'un prétexte, nous établirons dans la Propofition fuivante, qu'une ftipu-lation de *propre* de l'efpece de celle qui nous occupe, n'eft jamais ni en aucun cas fufceptible de l'extenfion que notre Adverfaire prétend lui donner; & qu'il feroit même d'autant moins permis de s'y prêter dans le cas particulier, que ce feroit s'écarter manifefte-ment de l'intention de la Donatrice, qui a fi peu entendu interdire la difpofition à fa niéce, qu'elle l'a au contraire formellement auto-rifée à difpofer.

Mais (dit la Dame de la Hogue, & c'eft fa derniere reffource) la Dame du Bouchet a elle-même regardé la moitié de maifon qui lui avoit été délaiffée en 1720, comme formant entre fes mains un *propre* de famille; la preuve s'en tire, de ce qu'elle l'a reprife comme telle en 1759, après le décès de fon premier mari & dans la liquidation qui fut faite alors de fes droits; & ce fait eft même d'autant plus décifif, qu'il s'eft paffé vis-à-vis de M. Pajot, pere de Madame de Fleffelles, qui non-feulement a été Partie dans l'acte de liquidation, mais qui y étoit même le contradicteur de la Dame du Bouchet.

Eft-ce donc férieufement qu'on reproduit une objection fi facile à
écarter?

écarter ? Et comment ne s'eſt-on pas ſouvenu des réponſes accablantes qu'elle a reçûes aux Requêtes du Palais?

Il ſeroit vrai que la Dame du Bouchet auroit dans la liquidation de 1759 repris la moitié de maiſon comme propre de famille, qu'on n'en pourroit conclure autre choſe, ſi ce n'eſt qu'elle ſe ſeroit mépriſe ſur le titre auquel elle poſſédoit cet immeuble, ſans que ſon erreur pût donner aucun avantage à notre Adverſaire, parce que ce n'eſt que de la diſpoſition de la Loi, & non de l'opinion des propriétaires, que les biens empruntent & reçoivent leurs diverſes qualités.

Mais, faut-il donc en croire la Dame de la Hogue ſur ſa parole, & la Dame du Bouchet a-t'elle réellement exercé vis-à-vis de l'héritier de ſon premier mari la repriſe de la moitié de maiſon, comme d'un *propre* de famille ?

Il faut avouer d'abord que cette maniere de procéder ſeroit bien extraordinaire de la part d'une veuve, qui pour reprendre n'a beſoin que de prouver ſa propriété, ſans rechercher ſi elle poſſéde à titre d'*acquêt* ou à titre de *propre*, comme s'il s'agiſſoit de liquider vis-à-vis d'un héritier des *acquêts* une ſucceſſion commune, dans laquelle elle n'auroit droit qu'aux *propres*.

Auſſi n'eſt-ce point là ce qu'on trouve dans l'acte de liquidation de 1759; & voici ce qu'il porte rélativement à la repriſe dont eſt queſtion.

Avant que de former la maſſe dont elle fait partie, on annonce dans le préambule de l'acte, que cette maſſe ſera compoſée de tous les biens des deux époux, *tant en propres en nature, qui ſeront repris comme tels reſpectivement par chacun d'eux, à meſure de la compoſition de ladite maſſe; qu'en effets mobiliers, deniers comptans, remplois, conquêts, immeubles réels & fictifs, &c.*

Vient enſuite & dans l'article 6 de la maſſe, la repriſe dont il s'agit, en ces termes : *Plus du même contrat de mariage ladite Dame retrouve & reprend en nature, dudit conſentement du ſieur Pajot . . . . la totalité de ladite maiſon rue des Tournelles, ſçavoir moitié procédant de ſa dot, & l'autre moitié du délaiſſement que lui en a fait la Demoiſelle Louvet ſa tante, par l'acte ſuſ-énoncé & daté, en déduction des 50000 liv. qu'elle avoit donné à ladite Dame par ſon contrat de mariage.*

On parle à la vérité dans la premiere partie, des *propres* en nature : mais qui ne voit que ne s'agiſſant que d'une diſſolution de communauté entre mari & femme & de reſtituer à une veuve ſes biens après le décès de ſon mari, cette expreſſion ne peut s'entendre que des *propres* de communauté, & jamais des *propres* de famille, qu'on n'avoit nul intérêt de connoître ni de rechercher ? C'eſt donc de la part de notre Adverſaire forcer évidemment le ſens du terme *propre*, que de vouloir qu'il indique autre choſe dans la liquidation de 1759, que les biens qui n'étoient point entrés dans la communauté.

A l'égard de la ſeconde partie, non-ſeulement la moitié de mai-

E

son procédant de la Demoiselle Louvet, n'y est point reprise sous le titre de *propre* ; mais la maniere dont elle y est rappellée suppose même qu'on la regardoit comme ne formant qu'un *acquêt*, puisqu'en faisant dériver la propriété de la Dame du Bouchet du délaissement de 1720, on lui assigne une origine qui ne peut faire que des *acquêts*.

Il n'est donc aucune des objections de la Dame de la Hogue, qui puisse porter la plus légere atteinte à notre proposition : & par conséquent, sous quelque point de vûe qu'on considére & la donation de 1718 & le délaissement de 1720, on ne peut appercevoir dans la premiere, qu'une disposition purement mobiliaire, & dans le second, que la vente d'un immeuble moyennant un prix en deniers.

SECONDE PROPOSITION.

Quand même la moitié de maison rue des Tournelles eût été comprise dans la donation de 1718, elle ne seroit toujours qu'un acquêt dans la succession de la Dame du Bouchet.

La donation étant d'une tante à sa niéce, elle n'eût pû par elle seule imprimer, ni même conserver à l'immeuble donné, la qualité de *propre*, parce qu'il est de principe que le don en collatérale ne fait que des acquêts. Ainsi il faudroit écarter d'abord le titre auquel la Dame du Bouchet seroit devenue propriétaire ; & il ne resteroit de ressource à la Dame de la Hogue, que dans la clause de *propre*. Mais cette ressource lui seroit-elle donc aussi avantageuse qu'elle paroît se le persuader ?

Les stipulations de *propre*, inconnues à nos Loix & à nos Coutumes, ne sont dûes, comme tout le monde sçait, qu'à l'invention des Praticiens. Destinées à empêcher le mêlange & la confusion des biens des conjoints & à en assurer le retour à leurs familles, l'utilité qu'on a crû appercevoir dans ces stipulations, a été le principe de leur introduction, & l'usage en est avec le tems devenu si fréquent & si familier, qu'il est peu de contrats de mariage où elles ne se rencontrent.

Elles ont fait naître des contestations, & c'est malheureusement leur effet le plus ordinaire : ces contestations ont mis la Justice dans le cas d'examiner & de connoître ces sortes de conventions ; & de-là, une multitude d'Arrêts intervenus en différens tems.

Mais comme encore un coup cette branche de notre Droit s'est formée à l'insçû, pour ainsi dire, de nos Loix & qu'elles ne s'en sont jamais occupées, il a fallu, à mesure que les occasions s'en sont offertes, lui prescrire des principes & des regles ; & ces principes n'ont pu s'établir qu'avec le tems, & suivant que les abus de ces stipulations se sont manifestés ; ensorte que les Magistrats se sont vûs plus d'une fois obligés de s'écarter dans les derniers Arrêts, de ce que les précédens avoient décidé, & qu'on rencontre auſſi la même diverſité entre les Auteurs, ſelon les différens tems où ils ont écrit.

Les ſtipulations de *propre* peuvent ſe faire par trois clauſes différentes, dont les effets diffèrent également entr'eux. * * Argou liv. 3, chap. 8,

La première conſiſte à ſtipuler ſeulement, que la choſe ſera *propre à la future*; & tout ſon effet eſt d'empêcher qu'elle n'entre dans la communauté.

La ſeconde s'établit en diſant, que l'effet ſera *propre à la future & aux ſiens*; & alors il eſt non-ſeulement exclus de la communauté, mais le mari ne peut même le prendre dans la ſucceſſion de ſes enfans, tant qu'un ſeul d'entr'eux ſurvit.

Enfin l'expreſſion de la troiſiéme clauſe, eſt que l'effet ſera *propre à la future & aux ſiens de ſon côté & ligne*: & en ce cas le mari, toujours exclus d'en profiter par la voie de la communauté, ne le recueille même pas en ſuccédant au dernier de ſes enfans.

Il eſt encore une quatriéme forme de ſtipulation de *propre*, qui a lieu lorſque le Donateur veut interdire à ſon Donataire la faculté de diſpoſer; mais on ſent aiſément combien ce cas arrive rarement, les ſtipulations de *propre* n'étant faites en général que pour l'avantage du conjoint qui reçoit une donation, & non pour le gêner: & cette derniere forme s'exprime en diſant, ou que le Donataire ne pourra diſpoſer de la choſe donnée, ou qu'elle lui ſera *propre* tant de diſpoſition que de ſucceſſion, ou qu'elle lui ſera *propre à tous effets.* » Le cas de la diſpoſition eſt (dit Renuſſon *) quand * Traité des Propres, ch. 6, ſect. 2, n. 6,
» par la convention une choſe mobiliaire, non-ſeulement eſt ſti-
» pulée *propre* à la perſonne qui contracte, ou à ſes enfans, ou à
» ſes parens du côté & ligne, mais auſſi quand on y ajoute expreſſé-
» ment le cas de diſpoſition, en diſant que l'on n'en pourra diſpo-
» ſer que comme d'un véritable *propre*, & qu'elle ſera *propre* tant
» pour diſpoſition que pour ſucceſſion, ou en diſant qu'elle ſera
» réputée *propre* pour tous effets ».

Ces ſortes de ſtipulations ne ſont donc réellement que des fictions imaginées pour produire certains effets dans certains cas: elles ceſſent donc entiérement, dès qu'il n'eſt plus queſtion ni des effets, ni des cas pour leſquels elles ont été faites: auſſi eſt-il de principe, qu'elles n'opérent que dans leurs cas, & entre les perſonnes auxquelles elles ſe réfèrent.

» Les ſtipulations de *propres fictifs* (dit Deniſart au mot *propre*)
» ſont de droit étroit, & ne ſont point ſuſceptibles d'être éten-
» dues d'une perſonne à une autre, & d'un cas marqué à un qui
» n'eſt pas marqué ».

» C'eſt une regle certaine (dit Renuſſon *) que la qualité qu'on * Loc. cit. n. 7,
» attribue à une choſe par la convention contre ſa véritable nature,
» ne lui fait pas perdre tout-à-fait la qualité qui lui convient na-
» turellement: cette convention n'eſt qu'une fiction; & cette fic-
» tion n'a lieu que dans le cas exprimé par la convention; & le
» cas exprimé par la convention ceſſant, la fiction ceſſe & s'éva-

» nouit, & la chofe fe confidére fuivant la qualité qui lui convient
» naturellement & par le droit commun ».

Les ftipulations de *propre* ne détruifent donc point la nature de
la chofe, qui en eft le fujet; elles n'opérent donc que dans les cas
qui y font prévûs & qu'elles ont eûs en vûe; elles n'empêchent
pas qu'en tout autre cas la chofe ftipulée *propre* ne conferve fa
véritable nature, & qu'ainfi elle ne demeure mobiliaire s'il s'agit
d'un effet mobilier, & acquêt s'il s'agit d'un immeuble qui eût cette
qualité lors de la convention.

Ces ftipulations font tellement de droit étroit, qu'il n'eft jamais
permis d'y ajouter; que fi la ftipulation, par exemple, n'eft faite
que *pour la future* feulement, elle n'aura point l'effet de celles qui
comprennent avec la future *les fiens de côté & ligne*; & que de
même fi elle n'eft point faite *à tous effets*, ni formellement appli-
quée à la difpofition, elle n'empêchera point que le Donataire ne
puiffe difpofer, fi d'ailleurs la chofe eft difponible en foi : » Si
» dans la claufe (dit encore Renuffon *) on n'a point fait men-
» tion expreffe de la difpofition, la chofe ne fera point réputée *propre*
» quant à la difpofition, on en pourra difpofer comme d'un véri-
» table meuble « : & c'eft en cela que confifte en effet la différence
effentielle entre *le propre fictif* & *le propre réel*; celui-ci eft en quelque forte le bien de la famille, au lieu que celui-là n'eft que le
bien de la perfonne; l'un eft formé par la Loi, & l'autre ne tire
fon origine que de la convention; l'un a véritablement & par lui-
même la qualité de *propre*, au lieu que dans l'autre cette qualité
n'eft qu'accidentelle, paffagere & momentanée; on ne peut difpofer du *propre réel* que dans la mefure reglée par les Coutumes, au
lieu que le *propre fictif* eft difponible pour le tout, à moins que
la ftipulation ne comprenne expreffément la difpofition.

Ainfi toutes les fois qu'il s'agit de prononcer fur l'effet d'une
ftipulation de *propre*, on ne doit jamais perdre de vûe que ces fortes
de conventions ne font que des fictions, deftinées à n'opérer qu'en
certains cas, & par rapport à certaines perfonnes; qu'hors ces
perfonnes & ces cas, elles perdent tout leur effet; qu'en particulier la claufe de *propre à la future & aux fiens de fon côté & ligne*,
n'en peut avoir d'autre, que d'empêcher le mari de profiter de la
chofe ftipulée propre, foit par le moyen de la communauté, foit
comme héritier de fes enfans; & que toutes les fois qu'il n'eft point
queftion d'exclure le mari, ni ceux qui ne pourroient venir que de
fon chef, la chofe retient toujours fa qualité primitive & effentielle,
fa véritable nature; enforte que fi c'eft un meuble, on en difpofe
comme d'un meuble, & on y fuccéde comme à un meuble, & que
fi c'eft un immeuble, qui lors de la convention eût la qualité d'acquêt, il fe traite également comme acquêt & en fucceffion & en
difpofition.

Quelques Auteurs, faute d'avoir approfondi, s'étoient mépris fur
le fens de cette claufe de *propre à la future & aux fiens de côté &
ligne*, jufqu'à penfer qu'elle produifoit une affectation de ligne; &
leur

Loco citato n. 6.

leur opinion , tout erronée qu'elle étoit & quelque contraire qu'elle fût aux principes & à l'ordre des successions , avoit trouvé des Sectateurs & des Partisans.

Mais depuis long-tems les Magistrats ont sur ce point, comme sur beaucoup d'autres , dissipé l'erreur & ramené la regle.

Un Arrêt du mois de Juin 1711 , au rapport de feu M. l'Abbé Mainguy , a jugé qu'un Testateur ayant légué une somme avec condition qu'elle demeureroit *propre au Légataire* & aux siens de son côté & ligne , le Légataire avoit pû disposer par testament.

Une question plus importante s'éleva en 1733 à l'occasion d'une stipulation semblable, insérée dans le contrat de mariage de Mad^e de Fieubet, fille des Sieur & Dame Desmoulins; & l'Arrêt qui intervint & qui fait époque dans cette branche de notre Droit , décida encore contre l'erreur de l'affectation de ligne.

On pensoit au Barreau d'après cet Arrêt, que l'exclusion naissante d'une stipulation de *propre de côté & ligne* dans un contrat de mariage, s'appliquoit non-seulement à la personne de l'autre conjoint, mais même à toute sa famille : cependant le Défenseur de la Dame de la Hogue a soutenu pour le sieur le Fouin, contre MM. Bellanger & Dupré de Saint Maur, que cette convention ne peut être opposée qu'au conjoint même & à ceux qui viennent de son chef; qu'elle n'a point la force de déranger l'ordre légal dans la succession des enfans nés du mariage ; & qu'elle n'ôte point aux parens de la ligne de ce conjoint, mais qui ne viennent pas de son chef, le droit de succéder à la chose stipulée *propre* : & par un Arrêt célébre , rendu en forme de Reglement le 17 Juin 1762 sur les conclusions de M. le Président le Pelletier de Saint Fargeau, alors Avocat-Général, ces principes ont été adoptés & une chose mobiliaire stipulée *propre*, a été adjugée au sieur le Fouin, comme héritier plus prochain , quoiqu'il fût de la famille du conjoint contre lequel la stipulation avoit été faite.

Enfin , l'Arrêt de *Genest* en 1722, a également jugé & contre l'affectation de ligne, & pour la disponibilité, par rapport à des rentes léguées *successuro* avec la condition qu'elles seroient *propres au Légataire de son côté* , *pour retourner aux héritiers naturels du Testateur.* *

* Voir cet Arrêt dans le Mém. précedent , page 9.

Qu'est - ce donc encore une fois, qu'une stipulation de *propre* ? C'est une convention, une fiction, dont l'unique objet, comme le disoit M^e. Cochin dans la cause de 1733 , est d'exclure l'autre conjoint & de l'empêcher de jamais prendre part à la chose stipulée *propre*, mais qui ne peut jamais influer sur les successions, ni en déranger l'ordre.

Deux principes également certains en cette matiere.

Le premier, que l'ordre légal des successions ne peut être interverti que par une disposition autorisée de la Loi, telle que la donation entre-vifs, la disposition testamentaire, & la substitution qui n'est elle-même qu'une seconde donation, ou un second legs, suivant qu'elle se trouve comprise dans une donation entre-vifs ou dans un testament :

F

or, la Loi n'a jamais regardé ni autorisé la stipulation de *propre*, comme une voye de disposer de ses biens au préjudice de l'ordre de succéder qu'elle a établi.

Le second principe, est que l'homme n'a point le pouvoir de changer la nature ni les qualités de ses biens, soit dans sa propre succession, soit dans la succession de ceux à qui il les transmet ; qu'ainsi il ne peut faire de son meuble un immeuble, ni de son *acquêt* un *propre* : & pourquoi ?

Parce que les qualités de nos biens, invariablement déterminées par leur nature & par la Loi, sont indépendantes de toute volonté du Propriétaire ; parce que c'est la Loi seule qui imprime à nos biens, suivant leur nature, les qualités de *propres*, *d'acquêts* ou de meubles, & qui sous ces diverses qualités les défere aux différens héritiers qu'elle appelle à les recueillir ; parce qu'enfin, prétendre changer ces qualités, seroit vouloir entreprendre sur la Loi, usurper un privilége qui n'appartient qu'à elle seule, & lui disputer le droit qui ne réside qu'en elle & qu'elle ne peut communiquer à personne, de faire des héritiers *légitimes* & *ab intestat*.

Une clause de *propre* n'est donc qu'une condition d'exclusion contre l'autre conjoint & contre les personnes qui pourroient venir de son chef : elle ne porte donc aucune atteinte ni à la nature ni aux qualités de la chose, soit pour la succession, soit pour la disposition ; elle n'empêche donc point en un mot, que l'effet stipulé *propre* ne conserve sa disponibilité si en lui-même il est disponible, & qu'il n'aille de même en succession à l'héritier, auquel sa qualité naturelle & la Loi le déferent.

On peut à la vérité porter la stipulation jusqu'à l'exclusion de la disposition : mais outre que cette condition ne se supplée point & doit être nommément exprimée, ainsi que l'enseigne Renusson, il résulte d'ailleurs des principes que nous venons de développer, qu'elle ne pourroit être valablement établie, ni avoir lieu que contre le mari & ses représentans, parce qu'en effet cette condition cessant, la chose stipulée *propre* peut être donnée ou léguée au mari par ses enfans, & même par sa femme dans les Coutumes qui permettent aux conjoints de s'avantager : mais cette condition ne pourroit avoir effet contre aucun autre, attendu (nous ne pouvons trop le répéter) que les stipulations de *propre* ne sont point des voyes de disposer ni d'intervertir les qualités naturelles & légales des biens, soit par rapport à l'ordre des successions, soit à l'égard de la disposition.

Ainsi, la moitié de maison rue des Tournelles eût été la matiere de la donation de 1718, que le titre auquel la Dame du Bouchet l'eût reçue ne lui imprimant que la qualité d'acquêt puisque la donation est faite en collatérale, la stipulation de *propre à la future & aux siens de son côté en ligne*, n'eût pû lui faire perdre cette qualité, ni relativement à la disposition, ni dans la succession de la Donataire : cette stipulation n'auroit eu d'autre effet, que celui qui lui appartient naturellement & qui se réduit à exclure le mari &

ſes repréſentans ; & on pourroit d'autant moins en conclure que la
Dame du Bouchet n'auroit été en droit de diſpoſer que comme d'un
propre réel, que non-ſeulement la ſtipulation n'eſt point étendue
au cas de la diſpoſition, mais que la faculté de diſpoſer ſe trouve
même expreſſément conſervée & par la donation, & par l'acte
même de délaiſſement : *pour de ladite ſomme (de 50000 liv.) jouir,*
faire & diſpoſer par ladite Demoiſelle future épouſe, ſes hoirs & ayans
cauſes, comme de choſe leur appartenant : . . . . . pour de ladite moitié
de maiſon abandonnée & délaiſſée, jouir, faire & diſpoſer par leſdits
Sieur & Dame Pajot, leurs héritiers & ayans cauſes, comme de choſe leur
appartenant à cauſe d'elle, &c.

En un mot, une ſtipulation de *propre de côté & ligne*, qui n'eſt
appoſée qu'à une donation de deniers, n'empêche point le Donataire d'en diſpoſer, parce que ces deniers, pour être ſtipulés
propres, ne ceſſent pas d'être un mobilier, eſſentiellement & pleinement diſponible de ſa nature : notre Adverſaire n'en peut diſ-
convenir.

Donc, *à pari*, ſi la ſtipulation de propre tombe ſur un immeuble qui n'ait entre les mains du Donataire que la qualité d'*acquêt*,
cet immeuble ſera également diſponible pour le tout, parce que
la Coutume n'autoriſe pas moins l'entiere diſpoſition des *acquêts*,
que celle des meubles.

Si la moitié de maiſon faiſoit partie de la donation de 1718 &
s'y trouvoit compriſe, il eſt inconteſtable que donnée à la Dame
du Bouchet par une parente collatérale, elle n'a formé qu'un
acquêt en ſa perſonne : donc la ſtipulation de propre n'en eût pas
plus empêché la diſponibilité, qu'une ſemblable ſtipulation ne rend
indiſponibles des effets purement mobiliers. Cet argument eſt in-
vincible.

Qu'après cela la Dame de la Hogue, réduite à créer un principe pour ſa cauſe, répete tant qu'elle voudra, qu'un *propre* donné
en collatérale & par contrat de mariage à l'héritier préſomptif,
avec la condition de lui demeurer *propre*, conſerve cette qualité
dans la main du Donataire.

En rétabliſſant les véritables idées ſur l'origine, la nature & les
effets des ſtipulations de *propre*, nous avons démontré d'avance &
ſi évidemment l'erreur du prétendu principe, que nous ne pouvons
plus appréhender qu'il faſſe illuſion à perſonne.

Mais s'il falloit aller juſqu'à prouver à notre Adverſaire que,
tout erroné qu'il eſt, elle n'eſt pas même dans le cas de l'invo-
quer, nous le pourrions encore.

Selon elle-même en effet, un *propre* donné en collatérale ne peut
conſerver ſa qualité de *propre* par le ſecours de la ſtipulation,
qu'autant que la donation eſt faite *ſucceſſuro* : or, cette condition
manque à la donation de 1718. Le pere de la Dame du Bouchet
étoit frere de la Demoiſelle Louvet ; & comme il vivoit encore à
l'époque de la donation, il eſt clair que ſa fille, placée dans un

degré plus éloigné , puisqu'elle n'étoit que nièce , n'étoit point héritiere préfomptive de la Donatrice.

Nous oppoferoit-on encore les Arrêts de Spifames & de Matignon ?

Mais nous y avons fuffifamment répondu dans notre premier Mémoire, pour n'être point obligés d'y revenir , & pour être affurés qu'ils ne feront pas plus utiles à la Dame de la Hogue , qu'ils ne le furent en 1722 à ceux qui les invoquoient dans la Caufe de *Geneft* , quoique les circonftances dans lefquelles cette ancienne affaire fe préfentoit , fuffent infiniment plus favorables au fiftême de la confervation du propre.

On a prétendu échapper à ce dernier Arrêt , en infinuant que les rentes n'avoient que la qualité *d'acquêts* dans les mains du fieur Geneft qui les avoit légués avec la claufe de *propre.*

Mais outre que cette allégation n'eft foutenue d'aucune preuve , la circonftance que les héritiers tiroient leur principal moyen des Arrêts de Spifames & de Matignon , doit même faire préfumer le contraire , & que ces rentes avoient été originairement poffédées comme *propres* par le Teftateur.

Le fuccès de la Caufe que nous défendons , ne devroit fouffrir aucune difficulté , fi la donation de 1718 renfermoit l'immeuble même que les Parties fe difputent : combien donc ce fuccès doit-il nous paroître indubitable , la donation ne comprenant qu'une action pour obtenir des deniers , & l'immeuble n'étant parvenu à la Dame du Bouchet, que par l'effet d'un délaiffement à prix d'argent , à un titre par conféquent qui ne peut imprimer à l'héritage qui en eft l'objet , d'autre qualité que celle d'acquêt.

Monfieur PASQUIER, Rapporteur.

Me. COLLET, Avocat,

EYNARD, Proc.

De l'Imp. de CH. EST. CHENAULT, Imp. Lib. rue de la Vieille-Draperie, 1766.

www.ingramcontent.com/pod-product-compliance
Lightning Source LLC
Chambersburg PA
CBHW070155200326
41520CB00018B/5408